AF582260

Suitte des Residences Memorables D'EUGENE FRANCOIS Duc de Savoÿe et de Piemont &c. &c. Quatrieme Partie

Contenant les Chambres, Galleries ouvertes, et Cabinet ou Rez=de Chausée du Bâtiment d'en haut
a Scavoir
N. 2. 3. 6. et 7. qui Sont 4. Chambres, peintes en fresques par Mr. Gaetano Fanti et Carlo Carlone.
No. 4. 5. 8. et 9. Sont 2. Galleries ouvertes, et 2. Cabinets, peints en Arabesque par le Sr. Jone Drentwet.
Le tout levé et designé par le Sieur Salomon Kleiner &c.
et se trouve à Augsbourg chez les Heritiers de Jeremie Wolff,
MDCCXXXV.
avec Privilegé de Sa Maj. Imperiale et Catholique.

Wunderwürdiges Kriegs- und Siegs-Lager EUGENII FRANCISCI Hertzogen zu Savoyen und Piemont Vierdter Theil

So die Vornehmsten untere Gemächer in dem Haupt- und Garten-Gebäude vorbildet,
welche als No. 2. 3. 6. 7. von denen Herrn Gaetano Fanti und Carlo Carlone,
die andere
wie No. 4. 5. 8. 9. von Herrn Ionas Drentwett in Fresco gemahlet sind,
und daselbst nach dem Leben gezeichnet durch Herrn Salomon Kleiner.
Augspurg in Verlegung Ieremias Wolffs seel. Erben.
MDCCXXXV.
Cum Gratiâ et Privilegio Sacræ Cæs. Majest:

IV

Veue de Sallon ouvert du coté du grand Escalier

Offener Saal, gegen der Haupt-Treppen anzusehen.

Salomon Kleiner Ing. Elect. Mog. delin. Cum Pr. Sac. Caes. Maj. Haered. Jer. Wolffij excud. A.V. Jac. Gottlieb Thelot Sculpsit.

IV.

2

Grand Chambre de Conversation, a la droite du Batiment en entrant au Jardin.

Großes Gesellschaffts Zimmer, welches bey dem Eingang des Gartens zur rechten Hand stehet.

Salomon Kleiner Ing. Elect. Mog. del. — *Cum Pr. Sac. Cæs. May.* — *Hæred. Ier. Wolffy exc. Aug. Vindel.* — *Ioh. August Corvinus Sculpsit.*

IV.

Petite, ou autre Chambre de Conversation pour l'Été, a la droite du Bâtiment en entrant au Jardin.

Kleines Gesellschaffts Sommer-Zimmer, welches bey dem Eingang des Gartens zur rechten Hand stehet.

Salomon Kleiner Ing. Elect. Mog. del. Cum Pr. Sac. Cæs. Maj. Hæred. Ier. Wolffy excud. Aug. Vind. Ioh. Iacob Græfsmann Sculps.

Gallerie ouverte, a la droite du Bâtiment en entrant au Jardin.

Offne Gallerie, welche bey dem Eingang des Gartens, rechter Hand stehet.

Salomon Kleiner Ing. Elect. Mog. del. | Cum Pr. Sac. Cæs. Maj. Hæred. Ier. Wolffij exc. Aug. Vind. | Ioh. Iacob Graſsmann Sculpsit.

Cabinet ouvert, a la droite du Batiment en entrant au Jardin.

Offenes Cabinet, welches bey dem Eingang des Gartens zur rechten Hand stehet.

Salomon Kleiner Ingen. Elect. Mog. del.   Cum Priv. Sac. Caes. Maj.   Haered. Jer. Wolffij excud. A.V.   Jac. Gottlieb Thelott Sculpsit.

IV

6

Grande Chambre de Conversation pour l'Eté, à la gauche du Bâtiment en entrant au Jardin.

Großes Gesellschaffts Somer-Zimmer welches bey dem Eingang des Gartens zur lincken Hand stehet.

Salomon Kleiner Ing. Elect. Mog. del. — Cum Pr. Sac. Cæs. Maj. — Hæred. Ier. Wolffy exc. Aug. Vind. — Ias. Gottlieb Thelot Sculpsit.

IV.

Petite, ou autre Chambre de Conversation pour l'Eté, a la gauche du Bâtiment en entrant au Jardin.

Kleines Gesellschaffts-Sommer-Zimmer, so zur lincken des Eingangs in den Garten stehet.

Salomon Kleiner Ing. Elect. Mog. del. — Cum Pr. Sac. Cæs. Maj. Hæred. Ier. Wolffs exc. Aug. Vind. — Ioh. Iacob Græsmann Sculpsit.

7

8

Gallerie ouverte, a la gauche du Bâtiment en entrant au Jardin.

Offene Gallerie, welche bey dem Eingang des Gartens, lincker Hand stehet.

Salomon Kleiner Ing. Elect. Mog. delin.   Cum Pr. Sac. Cæs. Maj.   Hæred. Jer. Wolffii excud. Aug. Vind.   Ioh. August Corvinus Sculpsit

IV.

Cabinet ouvert, a la gauche du Bâtiment en entrant au Jardin.

Offnes Cabinet welches bey dem Eingang des Gartens zur lincken Hand stehet. 9

Salomon Kleiner Ing. Elect. Mog. del. — Cum Pr. Sac. Cæs. May. Hæred. Jer. Wolffy exc. Aug. Vind. — Ioh. Iacob Graßmann Sculpsit

www.ingramcontent.com/pod-product-compliance
Lightning Source LLC
LaVergne TN
LVHW050514160826
845677LV00003B/1120
9782329619095